Descubramos
ALEMANIA

Kathleen Pohl

Consultora de lectura: Susan Nations, M.Ed.,
autora/consultora de alfabetización/consultora de desarrollo de la lectura

Gareth Stevens
Publishing

Please visit our Web site at www.garethstevens.com.
For a free color catalog describing our list of high-quality books,
call 1-800-542-2595 (USA) or 1-800-387-3178 (Canada).
Gareth Stevens Publishing's fax: 1-877-542-2596

Library of Congress Cataloging-in-Publication Data available upon request from publisher.

ISBN-10: 0-8368-8781-6   ISBN-13: 978-0-8368-8781-5 (lib. bdg.)
ISBN-10: 0-8368-8788-3   ISBN-13: 978-0-8368-8788-4 (softcover)

This edition first published in 2008 by
Gareth Stevens Publishing
A Weekly Reader® Company
1 Reader's Digest Road
Pleasantville, NY 10570-7000 USA

Copyright © 2008 by Gareth Stevens, Inc.

Senior Managing Editor: Lisa M. Guidone
Senior Editor: Barbara Bakowski
Creative Director: Lisa Donovan
Designer: Tammy West
Photo Researcher: Sylvia Ohlrich

Spanish edition produced by A+ Media, Inc.
Editorial Director: Julio Abreu
Chief Translator: Adriana Rosado-Bonewitz
Associate Editors: Janina Morgan, Rosario Ortiz, Bernardo Rivera, Carolyn Schildgen
Graphic Designer: Faith Weeks

Photo credits: (t=top, b=bottom, l=left, r=right)
Cover Greg Gawlowski/Lonely Planet Images; title page Arco Images/Alamy; p. 4 Shutterstock;
p. 6 Fridmar Damm/Zefa/Corbis; p. 7t Klaus Hackenberg/Zefa/Corbis; p 7b Masterfile; p. 8
Harmut Schwarzbach/Argus/Peter Arnold; p. 9 Stefan Schuetz/Zefa/Corbis; p. 10 Wolfgang Rattay/
Reuters /Landov; p. 11t Thomas Haertrich/Transit/Peter Arnold; p. 11b Damir Frkovic/Masterfile;
p. 12 Imagebroker/Alamy; p. 13 vario images/Alamy; p. 14. Imagebroker/Alamy; p. 15t SuperStock;
p. 15b W. Dieterich/Arco Images/Peter Arnold; p. 16 Peter Frischmuth/Argus/Peter Arnold;
p. 17t Robert Harding Picture Library Ltd./Alamy; p. 17b Peter Frischmuth/Argus/Peter Arnold;
p. 18 Markus Dlouhy/Das Fotoarchiv/Peter Arnold; p. 19t J. De Meester/Arco Images/Peter Arnold;
p. 19b F. Scholz/Arco Images/Peter Arnold; p. 20 Nigel Dickinson/Peter Arnold; p. 21t Franz-Marc Frei/
Corbis; p. 21b Torsten Krueger/Das Fotoarchiv/Peter Arnold; p. 22r Markus Dlouhy/Das Fotoarchiv/
Peter Arnold; p. 22l Helga Lade/Peter Arnold; p. 23t Ullstein-Schicke/Peter Arnold; p. 23b Manfred
Vollmer/Peter Arnold; p. 24 Sigrid Dauth/Alamy; p. 25l Robert Harding/Getty Images; p. 25r Stefan
Schuetz/Zefa/Corbis; p. 26 R. Kiedrowski/ArcoImages/Peter Arnold; p. 27t ImageState/Alamy;
p. 27b ImageState/Alamy

Printed in the United States of America

1 2 3 4 5 6 7 8 9 11 10 09 08 07

Contenido

Las palabras definidas en el glosario están impresas en **negritas** la primera vez que aparecen en el texto.

¿Dónde está Alemania?

Alemania es un país en Europa central. Comparte fronteras con nueve países. Al norte, Alemania limita con Dinamarca. Polonia y la República Checa están al este. Al oeste, Alemania limita con los Países Bajos, Bélgica, Luxemburgo y Francia. Los vecinos del sur de Alemania son Suiza y Austria.

¿Lo sabías?

El río Danubio fluye por el sur de Alemania. Es el segundo río más largo de Europa.

ALEMANIA

Océano Atlántico

EUROPA

ÁFRICA

Océano Índico

Alemania comparte fronteras con nueve países. También posee islas en los mares al norte.

Los legisladores de Alemania se reúnen en este edificio en Berlín.

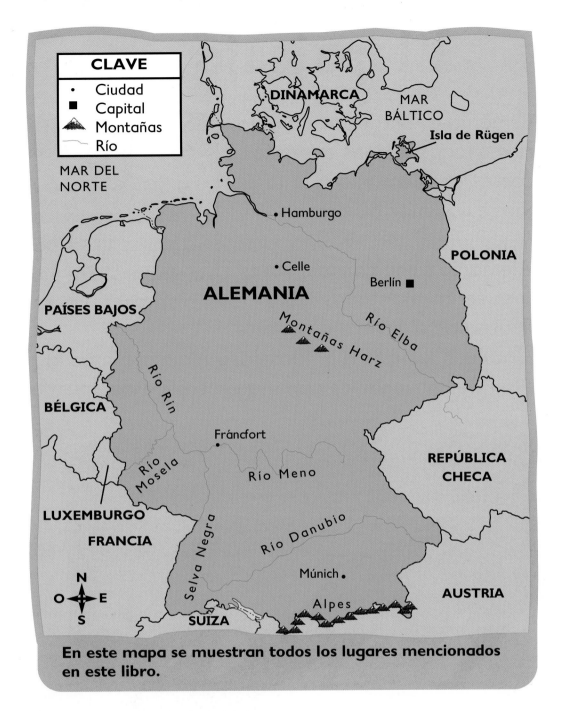

CLAVE
- Ciudad
- ■ Capital
- 🔺 Montañas
- ∼ Río

MAR DEL NORTE

DINAMARCA

MAR BÁLTICO

Isla de Rügen

• Hamburgo

POLONIA

• Celle

ALEMANIA

Berlín ■

Montañas Harz

Río Elba

PAÍSES BAJOS

Río Rin

BÉLGICA

Fráncfort

Río Mosela

Río Meno

REPÚBLICA CHECA

LUXEMBURGO

FRANCIA

Selva Negra

Río Danubio

Múnich •

Alpes

AUSTRIA

N O E S

SUIZA

En este mapa se muestran todos los lugares mencionados en este libro.

Alemania tiene costas en el mar del Norte y el mar Báltico. Algunas islas pequeñas en esos mares también forman parte de Alemania.

Berlín es la capital de Alemania, y su ciudad de mayor tamaño. Es un centro nacional de gobierno y las artes. Berlín tiene iglesias y palacios antiguos, parques bellos, y edificios modernos.

El paisaje

El norte de Alemania es una **llanura** baja con muchos ríos y lagos. Playas arenosas bordean las costas de Alemania a lo largo del mar del Norte y el mar Báltico.

El centro de Alemania tiene colinas, valles y montañas, incluso las montañas Harz. Muchos ríos fluyen por el centro y el oeste de Alemania. Incluyen los ríos Rin, Mosela, y Main o Meno. El río Rin es una de las vías navegables con mayor tráfico del mundo.

¿Lo sabías?

La Selva Negra es el marco de muchos cuentos de hadas alemanes antiguos.

Los acantilados de roca caliza blanca de la isla de Rügen se elevan desde el mar Báltico.

La Selva Negra debe su nombre a los oscuros árboles de abeto y pícea que crecen ahí.

Granjas, pueblos y castillos antiguos bordean las orillas del río Rin.

Turistas de todo el mundo visitan el sur de Alemania. Van de excursión en la Selva Negra y esquían en los Alpes. Los Alpes son las montañas más altas de Alemania. El pico más elevado es tan alto como ocho edificios Empire State, uno encima del otro.

Clima y estaciones

El clima es templado. Grandes cambios de temperatura son raros. En el noroeste y a lo largo de la costa los veranos son calurosos. Los inviernos ahí son templados y nublados. Tierra adentro, los veranos son más calurosos, y los inviernos son un poco más fríos. El valle del Rin, en el oeste, en general tiene los veranos más calurosos.

¿Lo sabías?

Al fin del otoño y a principios de invierno, el tiempo en el sudeste a veces es muy caluroso. Un viento caliente llamado el **Foehn** (fern) puede causar gran aumento de la temperatura.

En días calurosos, los alemanes visitan esta playa en el mar Báltico.

A la gente le gusta ir en trineo y caminar con raquetas de nieve en las montañas nevadas de Alemania. ¡Visitantes de todo el mundo van a esquiar a los Alpes!

Las lluvias son moderadas en casi toda Alemania. Julio es el mes más caluroso y lluvioso del año. En verano, las tormentas eléctricas son frecuentes.

Enero es el mes más frío. La nieve cae más que nada en los Alpes, en el sur de Alemania. Casi ninguna otra parte tiene muchas nevadas o temperaturas de congelación.

Los alemanes

Durante siglos, en Alemania ha habido grandes artistas, **compositores**, y escritores. Algunas de las piezas musicales y cuentos para niños más famosos del mundo provienen de Alemania. Los *Cuentos de hadas de Grimm* son cuentos populares reunidos por los hermanos Jakob y Wilhelm Grimm a principios del siglo XIX. Los cuentos más famosos son "Hansel y Gretel", "Caperucita roja", y "Blancanieves".

A los alemanes les gustan la polca, las danzas folclóricas, y alimentos especiales en festivales que celebran las tradiciones de su país. El festival más famoso es el **Oktoberfest**. Se lleva a cabo cada año en la ciudad de Múnich.

Se celebra el Día de la Unidad en la puerta de Brandenburgo en Berlín.

Niñas en trajes tradicionales bailan en un festival folclórico.

La gente visita el antiguo muro de Berlín, que dividía a la ciudad en dos.

La religión es importante para mucha gente. Más de un tercio pertenece a iglesias protestantes, en su mayor parte luteranas. Otro tercio es católico romano. Otros son musulmanes o judíos.

El 3 de octubre, celebran una fiesta llamada el Día de la Unidad. Recuerda a las personas que Alemania estuvo dividida en dos países que volvieron a ser uno solo en 1990.

Escuela y familia

Todos los niños en Alemania tienen que ir a la escuela durante al menos nueve años. Empiezan la primaria a los seis años de edad, y continúan hasta el cuarto grado.

Después, pueden ir a uno de tres tipos de escuela secundaria. Un tipo los prepara para trabajos. Otro los prepara para que vayan a la escuela de negocios. Quienes planean ir a la universidad primero estudian en un **gymnasium** durante 9 años. Es como una escuela de segunda enseñanza típica en Estados Unidos.

Casi todas las escuelas primarias y secundarias son públicas y gratuitas.

El fútbol es un deporte favorito que practican después de la escuela.

En casi todas las escuelas, las clases empiezan cerca de las 8 A.M., y terminan cerca de la 1 P.M. Muchos estudiantes al llegar a casa almuerzan con su familia. Más tarde, hay niños que toman clases de música. Algunos juegan fútbol o voleibol en clubes deportivos.

Las vacaciones de verano duran seis semanas. También hay días feriados y vacaciones cortas durante el año.

¿Lo sabías?

Un maestro en Alemania fundó la primera escuela llamada kindergarten. El nombre proviene de dos palabras que significan "jardín de niños".

Vida rural

Cerca de 15 de cada 100 personas viven en el campo. Casi todas las granjas son pequeñas y de propiedad familiar. Se crían cerdos, pollos, y ganado vacuno para la producción de carne y de leche. El trigo, la cebada, la avena, la remolacha, las papas y las frutas son productos agrícolas importantes.

Algunos granjeros cultivan **lúpulo**, una planta que se usa para hacer cerveza. Alemania es famosa por su cerveza. Algunas partes del país son famosas por sus vinos finos. A lo largo de los ríos Rin y Mosela, muchas personas cultivan uvas para producir vino.

Un granjero cosecha lúpulo en una finca.

Estos troncos se cortarán en un aserradero.

Barcos pesqueros flotan en el puerto de esta ciudad costera.

Alemania tiene muchos bosques. Proporcionan madera que se usa para construir casas y hacer muebles. La madera también se usa para hacer papel.

En pueblos pesqueros de las costas se pesca arenque y bacalao. Cerca de la mitad del pescado proviene del mar del Norte.

Vida urbana

La mayoría de la gente vive en ciudades o cerca de ellas. Muchas ciudades tienen aeropuertos, oficinas y fábricas modernas. En esas ciudades también pueden haber edificios muy antiguos y angostas calles empedradas.

¿Lo sabías?

En partes de los Autobahns, no hay límite de velocidad.

Más de tres millones de personas viven en Berlín, la capital, y en sus alrededores. Berlín tiene muchos edificios de gobierno, parques, zoológicos, y teatros. ¡También tiene más de 170 museos!

¡A los alemanes les gusta viajar rápido! Toman trenes de alta velocidad, y conducen en autopistas llamadas Autobahns.

Múnich, Fráncfort y Hamburgo son otras ciudades grandes. Cada una tiene más de un millón de habitantes. Hamburgo, en el río Elba, es el puerto más grande de Alemania. Es un centro de comercio mundial. Múnich es una ciudad turística importante. Millones de personas celebran el Oktoberfest ahí cada otoño.

La gente en Alemania puede viajar muy rápido de una ciudad a otra en tren. Autopistas de alta velocidad, llamadas **Autobahns**, conectan todas las partes del país.

Casas alemanas

Más de la mitad de la gente **alquila** casas o apartamentos en lugar de comprarlos. Hay quienes viven en casas de ladrillo antiguas con uno o dos pisos. Otros viven en edificios de apartamentos altos y modernos. Casas adosadas se ven en ciudades grandes.

¿Lo sabías?

Se están construyendo casas que usan poca energía para calefacción. Con bajo consumo de energía, ahorran **recursos naturales**, como petróleo y gas.

En la ciudad, la mayoría de los habitantes vive en casas adosadas o en edificios de apartamentos.

Muchas casas están hechas de madera que viene de los bosques de Alemania. Las casas con armazón de madera tienen vigas de madera y ladrillo o yeso en las paredes externas. Las personas llenan sus jardineras con flores coloridas.

Esta casa es de madera y tiene jardineras para flores.

En la ciudad de Celle, en el norte de Alemania, se ven casas con armazón de madera.

Comida alemana

Los alemanes comen muchas de las comidas que les gustan a sus vecinos europeos. También comen platos alemanes, como fideos y salchichas hechas en casa. El **sauerkraut** (o chucrut), un tipo de col ácida, es popular. Otros favoritos son bolas de masa y panqueques de papa.

¿Lo sabías?

En Alemania disfrutan de un refrigerio por la tarde. Se llama *Kaffee und Kuchen*, que significa "café y pasteles".

A los alemanes les gusta comer salchichas picantes. ¡Esta tienda tiene mucho para escoger!

El sauerkraut y el bratwurst es una combinación sabrosa. El bratwurst es un tipo de salchicha alemana.

A los alemanes les gusta comer en restaurantes y en cafés al aire libre.

El desayuno puede incluir huevos hervidos, panes o bollos con mermelada, quesos y carnes frías. El almuerzo es la comida principal del día. Casi toda la gente almuerza en su hogar. Muchas tiendas y oficinas cierran durante la hora del almuerzo. Por la noche, los alemanes pueden cenar en casa o en un café.

El trabajo

Más de la mitad de la gente tiene empleos de atención al público. Son maestros, doctores, cocineros, guías de turistas, y cajeros.

La **manufactura** es una industria muy importante. Los trabajadores hacen productos como cámaras, equipo electrónico, herramientas y ropa. También construyen barcos y aviones.

¿Lo sabías?

La Selva Negra es famosa por sus relojes de cuco de madera. Ahí los trabajadores los han tallado desde el siglo XVIII.

Este hombre sopla vidrio en una fábrica. Las ciudades a lo largo de la "ruta del vidrio" en el este del país son famosas por su cristalería fina.

Relojes de cuco hechos en Alemania se venden en todo el mundo.

Los alemanes sienten gran orgullo de los autos que fabrican.

¡Trabajar en una fábrica de acero es caluroso!

Los recursos naturales incluyen mineral de hierro que se usa para hacer acero. Las fábricas hacen gran parte del acero para las armadoras de autos. Alemania es el tercer fabricante más grande de automóviles del mundo, después de Japón y Estados Unidos.

La diversión

A los alemanes les gusta divertirse en su tiempo libre. La mayoría de los trabajadores recibe cerca de dos meses de vacaciones al año. Muchos pasan parte de ese tiempo visitando su país hermoso. Van de excursión a pie y en bicicleta por la Selva Negra, navegan en el río Rin, o visitan castillos antiguos. Muchos alemanes también viajan con su familia a otros países.

¿Lo sabías?

Beethoven, Bach y Brahms fueron tres famosos compositores alemanes. Escribieron su música hace más de 200 años y aún es popular.

A la gente le gusta esquiar, caminar y andar en bicicleta por la Selva Negra.

A los turistas les gusta visitar este castillo en los Alpes. Se conoce como el castillo del rey loco Ludwig.

¡Esquiar en los Alpes es divertido para toda la familia!

A personas de todas las edades les gusta ir a clubes donde juegan muchos deportes. El fútbol es el deporte más popular en Alemania. Algunas personas disfrutan el montañismo en los Alpes y el patinaje sobre hielo. ¿Te gusta ver televisión e ir al cine? En Alemania les gusta. También escuchan música y van a la **ópera**.

Alemania: Datos

- Alemania es una **república federal**. Su nombre oficial es la República Federal de Alemania.

- El presidente es el **jefe de estado**. El **canciller** maneja las tareas diarias del gobierno.

- Alemania es un miembro de la **Unión Europea**.

- Alemania tiene alrededor de 82 millones de habitantes. Es la población más grande de todos los países de la **Unión Europea**. En años recientes, muchas personas provenientes de otros países se han ido a vivir a Alemania.

Este castillo en Dortmund tiene alrededor de 800 años de antigüedad. Un foso, o zanja profunda llena de agua, ayudó a defender el castillo contra enemigos.

La bandera alemana tiene tres franjas, de color negro, rojo y oro, que significan unidad.

La moneda de Alemania se llama euro. Los alemanes usan euros tanto en monedas como en billetes.

¿Lo sabías?

Alemania es casi del tamaño de Montana, en Estados Unidos. Aun así, Alemania tiene muchos más habitantes. Rusia es el único país europeo que tiene más habitantes.

Alemania y la mayoría de las naciones en la Unión Europea usan la misma moneda. Se llama el **euro**. El billete del euro es igual en muchas de esas naciones. Las caras de las monedas también son iguales. El reverso de las monedas varía de un país a otro.

Glosario

alquilar – pagar dinero al propietario por el uso de una casa o de un apartamento

Autobahns – autopistas de alta velocidad

canciller – en algunos países europeos, un líder que maneja las tareas diarias del gobierno

compositores – personas que escriben música

euro – la moneda o dinero usada por muchas de las naciones-miembro de la Unión Europea

Foehn – un viento caliente y seco que sopla por las pendientes de los Alpes en el sudeste de Alemania

gymnasium – una escuela secundaria en la que se prepara a los estudiantes para la universidad

jefe de estado – el representante principal de un país

llanura – un área grande de tierra plana

lúpulo – planta cuyos frutos pequeños, de color verde, en forma de cono, se usan en la elaboración de cerveza

manufactura – la fabricación de artículos a mano o con máquinas

Oktoberfest – un festival en el otoño de cada año en Múnich

ópera – una obra en su mayor parte cantada

recursos naturales – artículos proporcionados por la naturaleza, como bosques y minerales, que son usados por las personas

república federal – un sistema en el cual el gobierno nacional y los estados tienen poderes separados; los funcionarios electos representan a los habitantes

sauerkraut – col cortada y salada, y que se permite que se ponga ácida

turistas – personas que viajan a lugares para divertirse

Unión Europea – un grupo de países en Europa que trabajan en conjunto en el comercio y la política

Para más información

EnchantedLearning: Flag of Germany

www.zoomschool.com/europe/germany/flag

EnchantedLearning: Inventors From Germany

www.allaboutspace.com/inventors/germany.shtml

FunTrivia Germany Quiz

www.funtrivia.com/playquiz.cfm?qid=153651

Germany for Kids

www.germany.info/relaunch/culture/life/G_Kids/g_in_brief.htm

Nota del editor para educadores y padres: Nuestros editores han revisado meticulosamente estos sitios Web para asegurarse de que sean apropiados para niños. Sin embargo, muchos sitios Web cambian con frecuencia, y no podemos asegurar que el contenido futuro de los sitios seguirá satisfaciendo nuestros estándares altos de calidad y valor educativo. Se le advierte que se debe supervisar estrechamente a los niños siempre que tengan acceso al Internet.

Mi mapa de Alemania

Fotocopia o calca el mapa de la página 31. Después escribe los nombres de los países, extensiones de agua, ciudades, provincias y territorios que se listan a continuación. (Mira el mapa que aparece en la página 5 si necesitas ayuda.)

Después de escribir los nombres de todos los lugares, ¡colorea el mapa con crayones!

Países
Alemania
Austria
Bélgica
Dinamarca
Francia
Luxemburgo
Países Bajos
Polonia
República Checa
Suiza

Masas de agua
mar Báltico
mar del Norte
río Danubio
río Elba
río Main o Meno
río Mosela
río Rin

Ciudades y pueblos
Berlín
Celle
Fráncfort
Hamburgo
Múnich

Áreas de tierra y montañas
Alpes
montañas Harz
Selva Negra

Islas
isla de Rügen

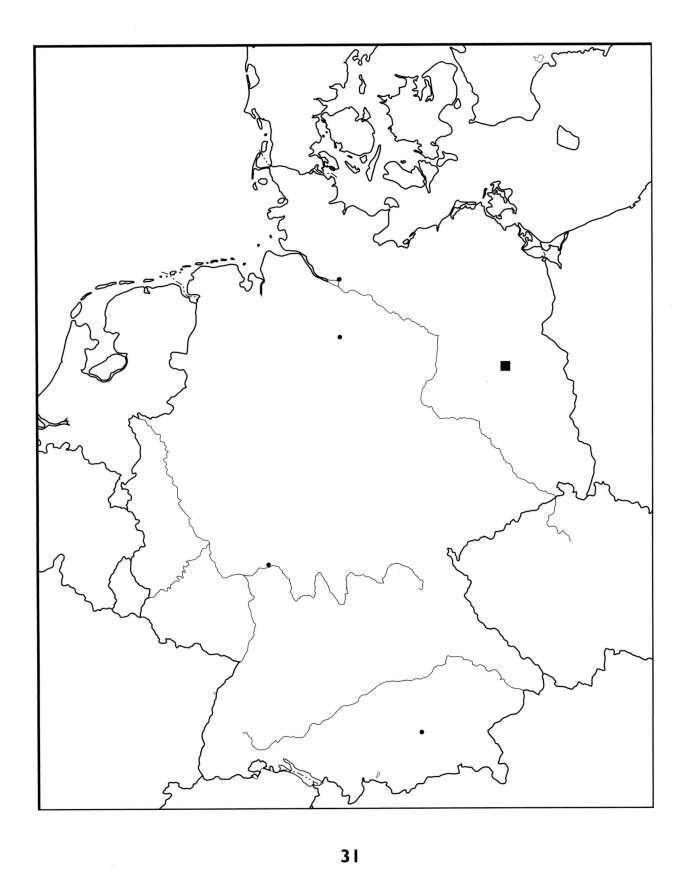

31

Índice